AF339702

ESPÉRANCE

PARIS — IMP. SIMON RAÇON ET COMP., RUE D'ERFURTH, 1.

ESPÉRANCE

PAR

LE Cᵗᵉ DE CHAMPAGNY

DE L'ACADÉMIE FRANÇAISE

PARIS

CHARLES DOUNIOL ET Cⁱᵉ, LIBRAIRES-ÉDITEURS

29, RUE DE TOURNON, 29

1873

ESPÉRANCE

Il y a un peu plus d'un an, nous étions quelque cinquante mille Français et chrétiens réunis auprès du sanctuaire de Lourdes, priant pour notre patrie, et priant avec espérance. Nous avions demandé pour elle la lumière et le salut, le salut, puis-je dire, par quelque voie que ce fût et par quelque main que Dieu voulût choisir, mais le salut. Et nous revenions l'âme fortifiée, le cœur plein d'espoir, non pas soulagés, sans doute, de toutes les douleurs du passé ni de toutes les inquiétudes de l'avenir, mais entrevoyant, après tant de ténèbres, une lueur; après tant de calamités, une consolation; après tant de fautes, un pardon prêt à descendre sur nous. Nous ne nous demandions pas quel serait ce jour nouveau qu'il nous semblait voir poindre à l'horizon, quelle serait cette consolation, quels seraient le moment et les conditions de ce pardon; nous ne savions pas où Dieu nous menait, mais nous croyions sentir qu'il nous menait.

Nous trompions-nous?

J'ose encore penser que nous ne nous trompions pas.

Que s'est-il passé depuis ce temps? Une époque est venue, désirée et redoutée à la fois: désirée, parce qu'elle était un soulagement pour les douleurs du patriotisme; redoutée, parce que les partis l'avaient d'avance fixée comme une échéance révolutionnaire. Elle a été, grâce à Dieu, une délivrance, rien autre chose. Il n'y a pas eu d'échos pour ces quelques cris d'insulte et de haine qui, en certaines villes, au mépris de l'honneur national, ont accueilli nos soldats succédant aux soldats prussiens. L'Assemblée qui, avait eu sa grande part dans l'œuvre de la libération, a partagé avec le pouvoir la reconnaissance des gens de bien; et on n'a pas eu du moins l'indignité de provoquer de nouveau sa chute à l'heure même où on goûtait les fruits de sa sagesse.

Puis est venue une autre crise, celle-là, non pas désirée, mais prévue et redoutée ; une divergence, depuis longtemps inévitable, a éclaté enfin. Il a fallu qu'une Assemblée, que sept cent cinquante hommes, animés des sentiments les plus opposés, pourvussent en une heure au gouvernement d'un grand pays. Il a fallu que l'homme supérieur qui, la veille, était aux yeux de tous, l'homme indispensable et unique, fût, en une heure, sans hésitation, sans discussion, sans condition, remplacé ; qu'en une heure, son introuvable successeur fût trouvé par sept cent cinquante chercheurs, dont trois cents au moins n'eussent eu garde de le trouver. Eh bien ! qu'est-il arrivé ? Un hasard de tribune, ménagé, à la veille de ces événements, par la Providence, nous pouvons le dire, a donné à ce grand corps une tête en harmonie avec le cœur, à cette Assemblée divisée contre elle-même, un président en accord avec la pensée dominante. Et l'Assemblée, ainsi conduite, a pu dans une seule nuit, une nuit mémorable entre toutes, pendant que le parti de l'émeute attendait encore le signal de ses chefs, l'arrêter court et pourvoir aux besoins de la France.

Et pour remplacer l'homme véritablement *irremplaçable* de la veille, la Providence nous a fait trouver un homme, on peut le dire, fait tout exprès pour nous. Il ne fallait pas un homme politique, car l'esprit politique nous perdait ; il ne fallait pas un ambitieux, car toute ambition personnelle ne pouvait qu'être funeste ; il ne fallait pas un esprit amoureux de souveraineté, puisqu'il s'agissait, au contraire, d'obéir à une Assemblée souveraine. Il fallait une épée, parce que l'épée est notre sauvegarde, parce qu'à cette heure l'épée n'est d'aucun parti, si ce n'est du parti de la France. Il fallait un désintéressement bien rare dans l'histoire, et, pour nous garantir ce désintéressement, une incontestable loyauté. Il fallait un nom qui ne voulût dire ni monarchie ni république, ni révolution ni contre-révolution, mais France et armée. Il fallait, en un mot, un soldat du pays et un soldat de la loi, qui ne fût en ce moment le soldat de personne autre. Dieu, qui prévoit tout, prévoyait tout cela, quand il pétrit l'argile dont il forma Mac-Mahon.

Et enfin (était-ce ou non la conséquence de ce premier bonheur échu à la France ?) un autre bonheur lui fut donné. Qu'on juge comme on voudra l'entrevue du 5 août, il y eut ce jour-là en France un parti de moins. Notre pays, si divisé, compta dans son sein une divergence de moins. Des hommes qui avaient combattu dans des rangs opposés, mais qui, même en se combattant, avaient appris à s'honorer ; des hommes tous amis du pays, de l'ordre et de la paix, tous appartenant à ce que Cicéron appelait le parti des honnêtes gens (en français, le parti des conservateurs), virent s'abaisser la barrière qui coupait en deux leur camp, et purent se donner la main, non-seulement avec un sentiment de mutuelle estime qui était chez eux de longue date, mais avec une heureuse unité de désirs et de vues, sur le bien à faire et sur la manière de faire le bien.

Dieu nous mène, disions-nous il y a un an; Dieu nous mène, disions-nous il y a un mois, mais devons-nous le dire encore aujourd'hui?

Sans doute, — comme à des hommes qui vivent depuis longtemps dans les ténèbres d'un souterrain, qui cherchent le jour sans savoir au juste de quel côté il doit être, une porte s'est ouverte soudain pour nous, une lueur s'est fait voir entre les fentes du rocher; nous avons marché vers elle, pleins, un instant, d'espérance et de joie. Mais la porte s'est trouvée close; cette lueur d'un moment a disparu. Était-ce un faux jour? était-ce bien là l'issue que nous ménageait la Providence, ou faut-il en chercher une autre? Toujours est-il que nous avons éprouvé un désappointement amer. Il nous faut de nouveau marcher dans les ténèbres, épier la moindre lueur, prêter l'oreille au moindre bruit, nous tenir en garde contre les chutes, nous attendre aux éboulements, chercher l'issue, l'introuvable issue. Faut-il donc nous décourager et nous laisser tomber épuisés et désespérés sur le sol de notre caverne? Pas plus qu'un homme, une nation ne doit vouloir périr. Nous sommes redevenus ce que nous étions hier, ni mieux ni plus mal. Nous nous imaginions que Dieu nous conduisait par cette route-là et avait choisi ce moment. Nous nous trompions; Dieu s'est fixé un autre moment et nous destine une autre route. Attendons le moment et cherchons la route.

Je ne prétends pas ici l'indiquer; c'est affaire aux plus habiles, ou, pour mieux dire, c'est affaire à Dieu. Dieu nous mène souvent quand nous croyons nous mener nous-mêmes. Dieu nous mène, même alors qu'il semble le moins nous mener. Mais ce que j'ose demander, c'est qu'un pessimisme désolant ne nous énerve pas, c'est que nous sachions cette fois encore ne pas nous décourager, et par suite (car le découragement amène la division) ne pas nous diviser. C'est qu'une espérance déçue (et elle avait encore bien des chances contre elle) n'amène pas l'abandon de toute espérance. Le désespoir n'est bien souvent qu'un égoïsme paresseux.

Certainement, le mal est grave. Nous sommes menacés, et comme gens de bien, et comme Français, et comme chrétiens.

Disons-le franchement, notre pays est singulièrement perverti. Qui nous expliquera cette mobilité étrange d'une nation qui, au 8 février, nommait pour conduire ses destinées les hommes en grande majorité les plus éclairés et les plus honorables, et qui, six semaines après, en face d'une insurrection de toutes la moins motivée, la plus antinationale, la plus brutale, la plus insensée et la plus funeste, éprouvait pour cette insurrection des sympathies, je ne dirai pas sans doute universelles, mais partout trop évidentes? Tout avait été foulé aux pieds, honneur, religion, patriotisme, civilisation ; tous les intérêts moraux et matériels avaient été menacés par cette bande d'échappés du bagne qui gouverna Paris pendant soixante et onze jours. Nul sentiment tant soit peu élevé, allons plus loin, nul intérêt tant soit peu éclairé qui ne dût s'en épouvanter et la maudire. Pour les chrétiens (ceux-ci, il est vrai, on ne les compte pas), les églises pillées et les prêtres assassinés ;— pour l'armée, l'uniforme insulté, et les sottes épithètes de capitulards et de traîtres, prodiguées à quiconque avait versé son sang pour le pays ; — pour les vrais patriotes, la démolition de la colonne et l'abdication de tout patriotisme en face des Prussiens victorieux ; — pour l'honnête homme, le règne des repris de justice et des prostituées; — pour le savant et l'artiste, les bibliothèques brûlées et les monuments détruits ; — pour l'homme de finance, la fortune publique et les fortunes privées mises en péril ; — pour le marchand et le laboureur, leur trafic anéanti ; — en un mot, le règne des appétits et des seuls appétits, au mépris des croyances, des affections, des intérêts même, tout cela était fait, ce semble, pour soulever tous les cœurs, et, à défaut des cœurs, tous les intérêts tant soit peu intelligents. Eh bien non, des milliers de cœurs sont restés inertes, des milliers d'intérêts sont restés aveugles. Nous avons vécu, nous qu'indignaient de telles horreurs, au milieu d'un peuple qui de loin y applaudissait, quoique, par prudence, il y applaudît tout bas ; la sympathie populaire est demeurée aux héros du pétrole, et le nom de *Versaillais* est devenu l'habituelle injure, — honorable injure — qu'on adresse au soldat français. Des élections se sont faites sous cette influence et ont complété, sur bien des trônes municipaux, la liste incomplète encore des aventuriers de la Révolution qu'avait exaltés le 4 septembre. Pendant que le gouvernement expédiait à Nouméa les moins heureux parmi les soldats de l'insurrection, il avait à compter avec leurs complices et leurs frères demeurés en France, qui s'y faisaient nommer conseillers municipaux, maires, conseillers généraux, députés même ; pendant qu'il décorait de récompenses bien méritées la poitrine de nos soldats, il avait à les défendre contre les insultes de la populace de nos cités. La Commune de Paris, vaincue dans Paris, subjuguée partout, est demeurée partout vivante ; elle a gardé un écho dans toutes les multitudes, une part dans toutes les associations populaires; elle est, le verre en main et l'injure à la bouche, dans tous les cabarets.

Pourquoi cela ? Je ne le comprends pas. D'autres insurrections ont pu faire illusion aux peuples ; elles avaient pour motif ou pour prétexte soit une agression vraie ou fausse, soit les blessures d'un patriotisme exagéré, soit des libertés, trompeur appât promis par l'ambition des meneurs aux ambitions populaires, soit un contrat violé ou qu'on disait violé. Ici rien de pareil ; le pouvoir régnant était de la veille ; les mêmes hommes qui le maudissaient en mars étaient ceux qui l'avaient élu en février ; le pouvoir n'était certes pas et n'avait pas même eu le temps d'être oppressif ; élu sans condition, on ne pouvait lui reprocher nulle violation de pacte ; loin d'en être responsable, il atténuait autant qu'il était en lui les souffrances et les abaissements du pays. On le savait ou on devait le savoir ; comment donc expliquer une haine à la fois aussi générale et aussi gratuite ? Est-ce ignorance ? Je ne dis pas non. Le peuple sait ou ne sait pas lire, peu importe ; ce ne sont jamais les livres qui instruisent le peuple. Le peuple s'instruit (dans le sens vrai et pratique du mot), le peuple s'instruit par la parole : si la parole lui vient d'un esprit éclairé et honnête, le peuple s'instruit réellement ; si la parole descend vers lui de la bouche d'un aventurier ou d'un malhonnête homme, le peuple est ignorant, pire qu'ignorant. Mais surtout, s'il est possible d'expliquer cette inexplicable aberration, c'est par le défaut de principe et de loi morale. En fait de conduite, le plus savant, c'est le plus honnête. Donnez à un peuple qui ne croit à rien toute la science possible (à moins cependant que cette science ne le mène à croire quelque chose), ce peuple n'en formera pas moins une société de bandits. Au contraire, prenez d'honnêtes gens qui croient au devoir et qui veulent faire leur devoir, ils pourront souvent se tromper, commettre en politique et ailleurs bien des sottises, il y a des aberrations auxquelles ils ne se porteront jamais. Ils laisseront peut-être faire un 4 septembre (grâce à leur ignorance des hommes et des choses) ; mais ils n'iront jamais jusqu'à massacrer l'archevêque et brûler Paris. L'idée du devoir, en d'autres termes, l'idée de Dieu suffirait pour nous sauver.

Et, ce qui est plus étonnant, ces honteuses sympathies populaires pour les coupables du 18 mars ont eu leur retentissement plus haut. On n'a pas tendu la main à la révolte, on ne lui a pas porté secours ; mais on n'a pas non plus porté secours à la société, on s'est tenu dans un prudent exil, et plus tard dans un silence prudent. Et à mesure que les jours s'écoulent, que la main du temps essuie, on le croit, les taches de sang et de pétrole, on passe du silence à l'apologie, on se rapproche, on a des égards affectueux pour ces messieurs, on commence à s'entendre avec eux, on laisse les conseils, la Chambre même s'ouvrir devant eux au lieu de la prison ; on tient

*

compte d'eux dans les combinaisons électorales : tristes faiblesses, comme l'histoire en a beaucoup enregistré, et que l'histoire, du reste, ne montre que bien rarement récompensées par le succès. On disait, il y a deux ans : « les bêtes féroces de la Commune[1] » ; dirait-on ce mot aujourd'hui ?

Et nous-mêmes, nous qui ne sommes que d'honnêtes citoyens, sans ambition et sans prétentions politiques, n'avons-nous pas eu une part, moins grande sans doute, mais peut-être moins excusable, dans ces complaisances et ces faiblesses? Ce triste et sanglant passé, cette page lugubre, mais instructive de notre histoire, ne l'oublions-nous pas trop? est-ce par égard pour les meurtriers que nous gardons un tel silence sur les victimes? aurions-nous honte de nos martyrs? Qu'avons-nous fait pour marquer les lieux consacrés par leur sang : la Roquette, la barrière d'Italie, la rue Haxo? n'est-ce pas dans des églises à peu près désertes que se célèbrent leurs anniversaires? Sommes-nous sûrs que les mânes de Delescluze (pour parler la langue de 93) ne reçoivent pas plus de fleurs que n'en reçoit la pieuse mémoire de Mgr Darboy? Le parti des victimes, quoique vainqueur, est bien timide ; et le parti des meurtriers, quoique vaincu, est bien fier. Une femme de Belleville voit passer un prêtre et dit à son enfant : « Tiens, regarde ; un otage! » Elle le dit à titre d'injure ; nous devons le dire à titre d'hommage.

Oui, notre pays est malade, et en même temps notre Église soit au dedans, soit au dehors, est attaquée avec une violence et un concert inouï. Si nous sommes menacés comme honnêtes gens, nous le sommes aussi comme chrétiens.

En effet, où y a-t-il, à cette heure, un prince, où y a-t-il un peuple qui ne soit ennemi de notre Église? *Foris pugnæ, intus timores*, disait saint Paul. Le combat se livre contre toutes les Églises, la crainte est dans toutes les âmes chrétiennes. Les peuples et les gouvernements les plus favorables (rendons justice à la race anglo-saxonne), ce sont des peuples et des gouvernements hérétiques, sans sympathie pour la vraie foi, mais qui, ayant proclamé la liberté, jugent qu'il est de leur loyauté de la laisser à tous et de traiter du moins les catholiques aussi bien que les athées. Il y a chance pour que dans dix ans la messe se dise plus librement à Washington et à Londres qu'à Madrid, à Cologne, et même à Rome, hélas! Hors de là, le concert est unanime : les rois sont d'accord avec les peuples, si, par les peuples il faut entendre cette énorme multitude qui se laisse

---

[1] Je trouve ce mot dans un numéro du *Siècle* qui me tombe sous la main (30 mai 1871, édition des départements) : « 169 otages allaient être exécutés quand les troupes sont arrivées pour épargner de nouveaux crimes aux bêtes féroces de la Commune. »

mener par les journaux, les clubs et l'eau-de-vie. « Les nations ont frémi et les peuples ont médité de vains projets » (ils seront vains en effet). « Les rois de la terre se sont levés, et les princes se sont réunis contre le Seigneur et contre son Christ. Brisons leurs liens, ont-ils dit, et secouons leur joug de dessus nos têtes (Ps. ii). » Partout on l'a secoué, ce joug, ou l'on tente de le secouer; d'un commun accord, les casuistes de la diplomatie ont déclaré nulles et de nul effet les promesses faites à l'Église, et ont d'avance donné l'absolution à qui violerait ces promesses. En Russie et en Prusse, on lui avait promis la tolérance : on ne la tolère plus. En Italie et en Espagne, on appartenait de cœur à l'Église; l'Espagne la dépouille, et l'Italie, après l'avoir dépouillée, la tient captive dans la personne de son chef. L'Autriche et le Piémont avaient signé des concordats avec elle : ils les ont déchirés; et l'Autriche, bien qu'avertie déjà par de rudes châtiments, n'en est pas encore à se repentir de ce manque de foi. Nul coin du continent européen où l'Église n'ait à se plaindre d'une telle déloyauté et ne souffre actuellement de la main du pouvoir; nul coin du continent, disons-nous, si ce n'est la France.

Si ce n'est la France!... Cette exception est étrange! Certes, nous sommes un peuple en masse bien éloigné de la foi; le monde nous appelle nation athée, et il a le droit de nous appeler ainsi. Et cependant l'Église, à l'heure qu'il est, est encore libre parmi nous, autant qu'elle l'a été depuis soixante ans, plus qu'elle ne l'est nulle part ailleurs. Tant que nous aurons un gouvernement doué de quelque honnêteté et de quelque respect pour lui-même, l'Église gardera cette liberté.

Ne semble-t-il pas qu'il y ait entre nos destinées et celles de l'Église un lien de sympathie qu'il n'est pas en nous de rompre, quoi que nous fassions et que nous voulions faire? Nous n'aimons pas l'Église, nous voudrions lui faire la guerre; mais, sitôt que nous lui faisons la guerre, la guerre tourne contre nous, et il faut que nous nous arrêtions. Les prospérités et les souffrances de l'Église vont de pair avec les prospérités et les souffrances de notre pays. Dans la première révolution, nous avons eu le malheur de faire la Constitution du clergé (triste expérience dont la Suisse, notre voisine, ne profite pas), nous avons eu le malheur d'emprisonner Pie VI; mais aussi cette époque a été pour nous, par excellence, l'époque du crime, de la honte et du malheur. — Le Consulat nous a relevés, et il n'a pu nous relever sans relever en même temps l'Église; les temples se sont rouverts comme les prisons se fermaient; la papauté est redevenue libre en même temps que tous les honnêtes gens en France. — Un peu plus tard, l'Empire, dans l'orgueil de ses victoires, a porté la main sur le pape, et cet attentat nous a valu les désastres de 1812, de

1815, de 1814 : malheurs pour l'Eglise, malheurs pour la France! —
Nos défaites, du moins, nous ont apporté la paix, et cette paix donnée
à la France a été en même temps donnée à l'Église, et la liberté de
l'une a encore été la liberté de l'autre. — Après 1850, après 1848, la
société comme l'Église ont eu des sujets de crainte; elles se sont ras-
surées en même temps ; et il ne faut pas oublier que c'est la République française de 1849, installée par une révolution, qui a porté
secours à la papauté ébranlée par une révolution, et que cette fois
encore la France a bien mérité du christianisme et de l'Europe.
— Puis, dix ans après, quand le second empire, cédant à de déplo-
rables instincts, s'est couronné de ses funestes lauriers d'Italie, il a
préparé, moitié le voulant, moitié ne le voulant pas, la chute de la
souveraineté pontificale, poursuivie de degrés en degrés et enfin
accomplie en 1870 ; mais en même temps, il a préparé la chute de
la France, poursuivie de degrés en degrés, et enfin accomplie en 1870.
Ces coïncidences-là ne sont pas du hasard, et le grand esprit de
M. Thiers l'a parfaitement compris, lorsque, et sous l'Empire et
depuis l'Empire, il a, avec une persévérante éloquence, travaillé à
maintenir à la France sa dignité d'alliée du Saint-Siége. Nous avons
beau faire, nous avons beau nous faire ou nous dire incrédules,
athées, positivistes, *libres penseurs* (ridicule épithète qui me fait toujours l'effet d'une ironie), au fond nous sommes tout cela moins
que nous voulons bien le dire ; mais surtout, malgré nous et malgré
tout, nous sommes, comme nation et dans l'ordre politique, les amis
forcés de l'Église, parce que l'Église souffre avec nous et que nous
souffrons avec elle, parce que l'Église se relève avec nous et que
nous nous relevons avec elle.

Nos ennemis et les ennemis de l'Église le savent bien. Dites-moi
pourquoi notre plus grand ennemi, notre vainqueur de 1870, qui
devrait être satisfait, lui simple ministre d'une dynastie brandebour-
geoise, d'être devenu l'arbitre omnipotent de l'Allemagne et le Napoléon de l'heure présente, dites-nous pourquoi il a tout à coup en-
trepris une campagne contre les catholiques de son empire, envers
qui sa royauté avait été jusque-là équitable, et qui lui avaient toujours été fidèles? dites-nous pourquoi, lui qui semblait au moins un
homme de sens, s'est fait l'appui d'un petit conciliabule de prêtres
apostats, et protége, réunie sous son aile, cette nichée de soi-disant
vieux catholiques qui sont nés d'hier? pourquoi il frappe d'amendes,
d'emprisonnement et surtout d'insultes, ces évêques avec lesquels
son gouvernement vivait jusque-là dans des rapports honorables, et
qu'il ne peut accuser ni d'avoir été Français en 1870, ni d'être révolutionnaires aujourd'hui? pourquoi, non content de cette guerre
intérieure contre l'Église, il la poursuit même hors des frontières

de son empire, pourquoi il soulève contre elle la Suisse, vis-à-vis de qui les traités européens stipulaient la liberté des catholiques (mais qu'est-ce aujourd'hui que la garantie des traités?); pourquoi il soutient contre elle l'Italie, usurpatrice du patrimoine de Saint-Pierre; pourquoi il forme ainsi autour de la France et contre la France, depuis la Moselle jusqu'à la Méditerranée, un cordon de puissances anticatholiques? Oui, c'est bien contre la France, et ce mot-là explique tout. M. de Bismark sait parfaitement qu'en faisant la guerre à Rome, il la fait à Paris. On s'y laisse tromper peut-être dans les clubs radicaux de notre pays; c'est peut-être avec la naïveté d'un patriotisme innocent, que, par-dessus le Rhin allemand et l'Alsace conquise, on tend une main amie à cette main qui, là-bas, frappe les évêques et s'empare des églises, que l'on retrouve dans le chancelier allemand l'enfant gâté de 1866 et qu'on lui pardonne ses victoires antifrançaises de 1870 à cause de ses victoires anticatholiques d'aujourd'hui. Lui, moins naïf, sait bien ce qu'il fait. Il sait bien ce qu'il gagne et à encourager comme il le fait les révolutions en France et à persécuter les catholiques en Allemagne et hors d'Allemagne. D'un côté comme de l'autre, il défait l'Église et il défait la France.

En résumé, tout ce qui est en péril aujourd'hui est réellement inséparable. Le conservateur, le chrétien, le Français, c'est, ou du moins ce devrait être un seul et même homme. Vous craignez pour la morale publique, audacieusement attaquée par les sophistes du positivisme et de la pensée esclave? Où y a-t-il une morale sans loi, et une loi universelle sans un Dieu, et un autre Dieu que celui des chrétiens?—Vous craignez pour la stabilité et la dignité de la famille, si ébranlée par la révolution d'hier et bien autrement menacée par la révolution de demain? Quel autre que notre Dieu a dit et a pu dire avec autorité : « Tu honoreras ton père et ta mère? » — Vous craignez pour la propriété qui sera certes la première proie que la révolution jettera à ses amis, non pas tant affamés que voraces? Quel autre que notre Dieu a pu dire et persuader : « Tu ne déroberas pas le bien d'autrui, » et tu feras encore moins une révolution pour le prendre? — Vous craignez pour la France et certes vous avez raison, mais qui a secouru la France dans ses jours de péril? Sont-ce les *outranciers* qui se prélassaient à Bordeaux, à Lyon, à Toulouse, dénonçaient les généraux, et laissaient les soldats sans pain et sans cartouches, avec leurs chaussures de carton? ou bien, sont-ce ces chrétiens et ces conservateurs qui versaient leur sang à Coulmiers et à Patay? Est-ce l'épée chrétienne de Mac-Mahon et de Paladines, ou le sabre de théâtre de M. Garibaldi? Conservateur, honnête homme, Français, chrétien, il faut être cela en même temps, pour peu qu'on veuille être logique ; et, en tous cas, qui est conservateur et honnête homme, a commencé à devenir chrétien. Nous tous qui nous appelons (et nous avons le droit de le faire) la société, la civilisation, la France, nous souffrirons avec l'Église, ou nous nous relèverons avec l'Église.

Or c'est cette coïncidence, cette communauté d'intérêt et de péril qui fait mon espoir. Quand je vois le vainqueur de Sedan, à la tête d'une partie de l'Europe, avec le silence, sinon la sympathie de tout le reste, s'armer comme il le fait, à la fois contre la France et contre le Pape, ma pensée se reporte à 1811 et à ce Pontife, sous la bénédiction duquel je m'inclinais, il y a soixante-deux ans, dans sa prison de Fontainebleau. Alors aussi, il y avait un Bismark, plus glorieux certes et d'un plus vaste génie que celui d'aujourd'hui. Lui n'avait pas seulement dans son palais les drapeaux de Sadowa et de Sedan ; il avait ceux que lui avaient valus dix ans de victoires, depuis Rivoli jusqu'à Friedland. Il n'avait pas seulement abaissé devant lui deux des grandes puissances, mais toutes les puissances du continent européen. Il avait signé à Tilsitt la paix européenne à son profit. Son triomphe était beau sans doute et rien ne semblait plus devoir lui manquer. Mais non ; la méfiance des ambitieux est insatiable ; il se savait encore au delà des mers une ennemie, l'Angleterre, et sur le continent une bienveillante amie, on peut le dire, mais une amie indépendante, la papauté. Il fit la guerre à l'Angleterre dans la personne du Pape, comme aujourd'hui M. de Bismark fait la guerre à la France dans la personne du Pape. Ou pour mieux dire, dans cet enivrement du succès, ce *delirium victoris* qui égara jadis la tête d'Alexandre et celle de César, quiconque ne plie pas jusqu'à terre, quiconque se garde une conscience, l'Église par conséquent, l'Église qui n'a jamais aliéné la sienne, l'Église faible, désarmée, matériellement impuissante, apparaîtra toujours comme une ennemie. Napoléon, vainqueur de l'Europe, ne voyait plus à la hauteur de ses méfiances et de sa jalousie qu'une seule puissance : la papauté ! Bismark, vainqueur de la France, arbitre de l'Europe, protecteur de l'Italie révolutionnaire et du radicalisme helvétique, lui aussi, rencontre dans sa marche triomphante un premier et inévitable obstacle : la papauté !

Or l'Église ne combat pas, mais elle ne cède pas non plus. On peut la faire prisonnière, mais elle ne capitule point. Aussi, aux premières attaques du conquérant, la résistance se fait sentir. L'Église d'Allemagne résiste ; elle subit les injonctions, les destitutions, les amendes, les excommunications de par l'empereur ; mais elle ne se rend pas ! L'Église suisse subit l'insulte, la violence et l'exil ; mais elle ne se rend pas. L'Église romaine, l'Église catholique est captive entre les quatre murs du Vatican; mais elle ne se rend pas! La résistance se rencontre donc partout, et les érudits impériaux doivent savoir par les exemples de leurs empereurs, Henri IV, Frédéric Ier, Frédéric II, Louis de Bavière et de tant d'autres, sans parler de la Révolution française et de Napoléon, à quelle fin aboutissent et les attaques et les résistances de ce genre. L'histoire nous autorise ici à être prophètes : « Celui qui habite aux cieux se rira d'eux ; le Seigneur les raillera » (Ps. ii). Il arrivera, à la suite de la paix de Francfort, ce qui est arrivé à la suite de la paix de Tilsitt. La force de la Révolution se brisera contre la faiblesse de l'Église. L'épée, elle aussi, finira un jour par venir au secours de la parole, comme, en 1812, l'épée de la Russie est venue, sans le vouloir et presque sans le savoir, opérer la délivrance du prisonnier de Fontainebleau. Ceux qui disaient, à Berlin, dans leur rauque et impitoyable idiome : « *Macht vor Recht ! La force avant le droit !* » finiront par s'entendre dire : « *Macht für Recht ! La force à l'appui du droit !* » « Et maintenant, ajoutera-t-on, rois, sachez comprendre ! instruisez-vous, vous qui gouvernez la terre ! » (*Ibid.*)

Espérons donc, espérons d'autant plus que la lutte est plus menaçante et plus universelle. Plus elle se fait ressentir au loin, plus il est évident que c'est le combat de Dieu. « Si le combat, dit le Psalmiste, s'élève contre moi, ce sera pour moi un sujet d'espérance[1]. » Si nous étions, nous, en France, seuls à lutter contre nos révolutionnaires, nous pourrions à juste titre imputer le mal à nos propres fautes, à nos outrecuidances et à nos faiblesses; ce serait notre cause peut-être plus que celle de Dieu. Mais, comme le même combat se livre et en France, et en Espagne, et en Suisse, et en Italie, et en Allemagne, entre la révolution, le despotisme et l'irréligion d'un côté, la civilisation, la liberté et l'Église de l'autre; nous pouvons le dire avec confiance : C'est la cause de Dieu. D'un bout du monde à l'autre, on prie et on espère avec nous. Pendant que la France allait prier à Lourdes, l'Italie était de cœur, puisque la force l'empêchait d'y être de fait, au seuil de la sainte demeure de Lorette. L'Angleterre et la Hollande sont venues à Paray-le-Monial. Pour toutes les nations du monde, après tout, il n'y a qu'un même intérêt, puisqu'il n'y a qu'un même Dieu. Dieu veut peut-être dans cette occasion donner un grand exemple de ce qu'est la puissance de la prière, et prendre pour instrument de notre salut la seule Assemblée française qui ait publiquement prié et fait prier, et qui, hier encore, priait avec nous tous.

Espérons donc; prions, mais travaillons. Le devoir politique, pour qui veut l'examiner en conscience, est bien simple aujour-

---

[1] Si exsurgat adversum me prælium, in hoc ego sperabo. (Ps. xxvi.)

d'hui. Il y a eu à Paris, pendant quelques semaines, un régime atroce, abominable, heureusement vaincu, mais que des milliers d'hommes ne demandent qu'à renouveler et à étendre, cette fois, sur toute la France. Il y a un parti des malfaiteurs; il ne devrait y avoir qu'un seul parti des honnêtes gens. D'un côté serait quiconque approuve, regrette, voudrait ressusciter la soi-disant Commune de Paris, quiconque n'a pas le courage de la désavouer; de l'autre côté, serait quiconque ne craint pas de la flétrir, républicain, impérialiste, royaliste, peu importe. Avant tout, un gouvernement honnête homme! Quel sera-t-il dans l'avenir? L'avenir le dira. — Que peut-il être dans le présent? Nul autre, tout le monde le sait à cette heure, que le gouvernement que Dieu nous donna le 24 mai.

Ne nous laissons pas aller à de vaines illusions. On parle *d'appel au peuple*. Je n'ai pas, pour ce souverain-là, une adoration sans borne, je trouve néanmoins que pour un souverain on le traite bien cavalièrement. Jusqu'ici, quand un plébiscite s'est fait, en France ou en Italie, ç'a été un vainqueur déjà installé sur un fauteuil devenu à moitié un trône, et qui voulait bien demander au peuple souverain de ratifier sa victoire, de mettre son cachet sur un diplôme déjà écrit et signé, d'accepter, en un mot, un pouvoir déjà connu. Mais s'il s'y fût refusé? — C'eût été le néant. — Ou plutôt on était sûr que le peuple ne refuserait pas. Et, en tout cas, le vainqueur fût demeuré vainqueur.

Cela était déjà passablement cavalier; mais aujourd'hui, c'est bien autre chose. « Monsieur, dit-on au peuple souvèrain (car on ne l'appelle pas Majesté), vous allez avoir la bonté d'entrer dans le bouge municipal que nous appelons, d'un mot latin, *vos comices;* vous trouverez là trois billets : *République, Empire, Royauté;* vous en choisirez un. — Mais j'ignore ce que signifient ces trois mots; expliquez-les-moi. — Nous n'en avons pas le temps; allez, tout de suite! — Mais il y a, à ce qu'on me dit, plusieurs républiques : république bleue et république rouge, république honnête et république radicale! Il y a même plusieurs empires : empire constitutionnel et empire dictatorial, empire révolutionnaire et empire conservateur; Napoléon IV, un enfant! et Napoléon V (ou comme vous voudrez l'appeler), fort entaché, dit-on, de jacobinisme! Il y a enfin plusieurs royautés : royauté parlementaire et royauté absolue, royauté tricolore et royauté blanche. Comment voulez-vous que je me démêle dans tout cela, moi qui ne sais guère lire et pas du tout penser? — Peu importe! ces distinctions-là nous regardent, nous. Prenez au hasard, ou plutôt prenez *République.* En tout cas, débrouillez-vous et faites vite. »

Et cependant, c'est par la perspective de cette comédie du vote populaire que l'on prétend maintenir au milieu de nous une douloureuse et ruineuse incertitude. On veut ajourner indéfiniment la paix publique, pour en arriver à un scrutin dérisoire et désastreux. Non, il est impossible, si adroite que soit la tactique révolutionnaire, que l'Assemblée de 1871, cette majorité d'honnêtes gens, favorise, par sa connivence, ses incertitudes ou ses lenteurs, ce calcul de la Révolution. Il n'y a pas de parti qui ne doive se refuser à une telle manœuvre. Un républicain honnête homme ne préférera-t-il pas garder la république actuelle, république provisoire, si vous le voulez, mais république honnête, plutôt que de livrer dès à présent son pays à l'anarchie, pour arriver, Dieu sait quand, à cette loterie où l'anarchie tiendra les urnes et qui écherra, par conséquent, au profit de l'anarchie? et ne voyons-nous pas bien des hommes honorables du parti impérialiste, et même des plus ardents, se refuser à cette alliance qui ne produira ni république ni empire, qui ne produira qu'un ajournement de la sécurité publique et une prorogation de l'inquiétude?

Luttons donc, faisons disparaître, autant que possible, toutes les barrières qui séparent les gens de bien les uns des autres, et fortifions, plus que jamais, la barrière qui sépare les honnêtes gens des ennemis de la société, les conservateurs des agresseurs. Comprenons enfin que c'est le tout de la société qui est attaqué, et que c'est le tout qu'il faut défendre ; non pas telle ou telle nuance de parti, telle ou telle théorie de gouvernement, telle ou telle dynastie, mais tout : ordre public, ordre social, propriété, famille, honneur, moralité, conscience, Dieu! Dieu surtout! et quand on attaque Dieu, à plus forte raison, on attaque tout le reste. Trouvons donc enfin autre chose à faire pour éclairer le peuple que de beaux discours qu'il n'entend pas, et de grands journaux qu'il ne lit pas. La propagande du parti hostile est active, libérale en fait d'argent, presque gratuite. Elle a des journaux à un sou dans toutes les provinces, des fabriques de pamphlets à bon marché dans toutes les villes, des émissaires dans tous les cabarets, des agents ou plutôt des chefs à elle dans toutes les associations ouvrières. Au contraire, il semble aux conservateurs que, comme « le bien vient en dormant, » la propagande du bien doive se faire en dormant. Les quelques sociétés qui distribuent de bons livres sont isolées, inconnues les unes aux autres, trop peu connues du public. Nous sommes, ce semble, trop grands seigneurs pour fonder des journaux à un sou, et nos journaux sont gens trop bien élevés pour entrer dans un cabaret. Pourquoi chaque département n'a-t-il pas sa feuille à bon marché, ses colporteurs qui la portent, la vendent et souvent la donnent, la donnent, en particulier, à ce suzerain du village, le cabaretier? *Nonne ethnici hoc faciunt?*

Les révolutionnaires trouvent bien moyen de le faire? Est-ce l'argent, est-ce le désintéressement, est-ce le dévouement qui nous manque plus qu'à eux? Faisons ce qu'ils font. Seulement (ceci est de notre honneur) faisons à ciel ouvert ce que souvent ils font dans l'ombre. A leurs manœuvres secrètes opposons nos œuvres, non pas tapageuses, mais ostensibles; à leur franc-maçonnerie, notre œuvre ouverte de Saint-Vincent de Paul; à leurs affiliations clandestines d'ouvriers, cette belle œuvre des cercles ouvriers, si courageusement entreprise et si franchement conduite par ceux qui avaient versé leur sang sur le champ de bataille. Prenons tout de nos adversaires, en y ajoutant l'honnêteté du but et la publicité des moyens.

Et, tout en remplissant ainsi notre devoir de citoyen, en nous protégeant nous-mêmes, demandons d'autant plus aux pouvoirs publics de nous protéger et de protéger la France. Demandons à cette Assemblée souveraine, qui a déjà rendu tant de services au pays, de ne pas fléchir, de ne pas abandonner le terrain où elle s'est placée, le terrain de la paix publique, de la liberté civile et de la liberté chrétienne. De l'autre côté du Rhin et de l'autre côté des Alpes, les craintes d'hier, les joies insolentes d'aujourd'hui, telles que les manifestent la Prusse et l'Italie, disent assez quel est le parti qui doit nous perdre, puisqu'elles lui applaudissent; quel est le parti qui doit nous sauver, puisqu'elles craignent son affermissement. La sympathie de nos ennemis du dehors nous désigne nos ennemis du dedans. — Que l'Assemblée demeure dans son asile providentiel de Versailles, admirablement choisi par Louis XIV, après la triste expérience de la Fronde, pour être la place de sûreté de la royauté ; elle est aujourd'hui la place de sûreté de la France : que de désastres, de ruines, de sang, eussent été épargnés à la France, et à Paris surtout; quel service eût été rendu à cette capitale, si une pareille précaution eût sauvegardé le pouvoir à la veille du 24 février et du 4 septembre! — Que l'Assemblée consomme enfin l'œuvre à peine commencée de la réforme politique du pays; qu'elle la consomme par les lois électorale et municipale; qu'elle se souvienne que, presque partout, le parti révolutionnaire a la main sur l'urne du scrutin; qu'elle la lui ôte ! — Qu'elle fasse tout cela, sous la garde de cette vaillante épée qui, elle aussi, sera toujours sur le chemin de l'honneur, et avec les conseils de ces hommes sages et dévoués, si injustement attaqués à cette heure, qui, dès avant le 24 mai, ont commencé à être les guides de la politique conservatrice !

Qu'elle fasse tout cela..., si Dieu le permet! car, même en priant et en espérant, il faut se tenir prêt à tout. Le chemin peut être difficile, les chutes nombreuses et rudes; le monstre révolutionnaire, qui a pour lui la force, sinon le courage, peut se débattre rudement

encore, et mordre cruellement avant d'être captif. Pensons, il le faut
bien, à cette démonstration de la vérité du christianisme, que Dieu
poursuit à travers les siècles, par le spectacle du bien que fait le
christianisme et du mal que font ses ennemis. Preuve bien douloureuse, mais bien frappante! Où y a-t-il aujourd'hui le plus
de chrétiens, le moins d'infidèles? est-ce dans les tavernes de
la débauche, dans les cachettes des voleurs, dans les prisons et dans
les bagnes? est-ce dans les affiliations clandestines et les clubs de
la démagogie? N'est-ce pas, au contraire, dans les hôpitaux, où
l'on soigne les malades, dans les asiles où l'on élève l'enfance,
dans les associations qui distribuent le pain aux pauvres? Et surtout,
depuis, que l'irréligion est devenue la révolution, quelles preuves
ne forment pas contre elle toutes les ruines qu'elle a accumulées,
tout le sang qu'elle a fait répandre, toutes les larmes qu'elle a fait
couler! Somme toute, en aucun pays, incrédules et révolutionnaires
(quelques honnêtes gens qu'il y ait parmi eux), ne sont la masse
la plus honnête d'une nation; chrétiens et conservateurs (quelques
malhonnêtes gens qu'on croira pouvoir trouver parmi eux), ne sont
la partie la plus dépravée d'une nation. Tout le monde le sait;
il suffirait d'ouvrir les yeux et de réfléchir pour trouver là une
preuve des plus évidentes et des plus simples de la vérité du christianisme.

Mais cette preuve si évidente, Dieu la veut peut-être plus évidente
encore. Peut-être la veut-il si lumineuse, qu'elle perce même à travers les paupières volontairement fermées. Peut-être, hélas! veut-il
laisser la révolution y ajouter de nouveaux arguments, c'est-à-dire
des malheurs nouveaux. Tremblons qu'il n'en soit ainsi, et sachons
nous soumettre par avance à sa paternelle rigueur. Mais puisque
Dieu veut être fléchi, et qu'il « est proche pour tous ceux qui l'in-
voquent » (Ps. cxliv), prions-le, au nom de cette nation qui a prié
depuis trois ans plus peut-être qu'elle n'avait prié depuis un siècle.
Que la démonstration de la vérité chrétienne (tout est possible à
Dieu) qui se fait depuis tant d'années par la souffrance et par la
ruine, se fasse un jour par le triomphe et par la paix! Qu'en un
même jour (et ce sera à bien peu de chose près le même jour), le
Pape, libre, soit rendu à son Église, et à la France soient rendues
sa grandeur, sa paix et sa liberté! Espérons-le et demandons-le.
L'espérer d'une ferme foi est déjà un moyen de l'obtenir.

Au matin du 19 novembre 1873.

PARIS. — IMP. SIMON RAÇON ET COMP., RUE D'ERFURTH, 1.

9 782012 978553